Impressum
Verlag: BABADADA GmbH, Nedderfeld 112 , 22529 Hamburg
Geschäftsführer / Verlagsleitung: Harald Hof
Druck: Books on Demand GmbH, In de Tarpen 42, 22848 Norderstedt

Imprint
Publisher: BABADADA GmbH, Nedderfeld 112 , 22529 Hamburg, Germany
Managing Director / Publishing direction: Harald Hof
Print: Books on Demand GmbH, In de Tarpen 42, 22848 Norderstedt

5ch00l

escola

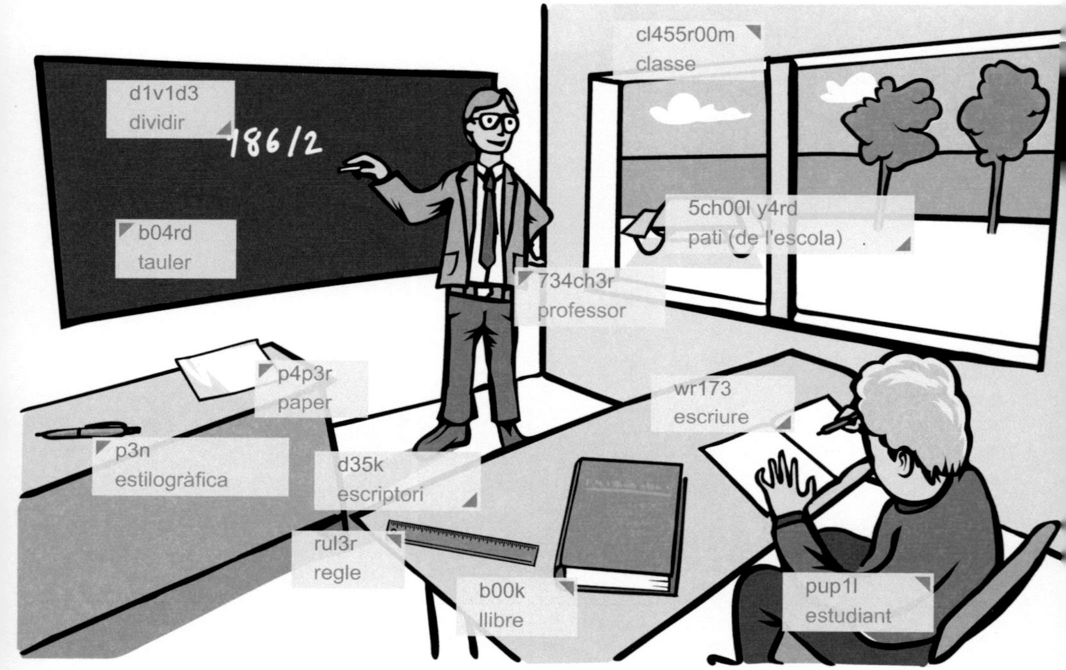

cl455r00m
classe
d1v1d3
dividir
186/2
b04rd
tauler
5ch00l y4rd
pati (de l'escola)
734ch3r
professor
p4p3r
paper
wr173
escriure
p3n
estilogràfica
d35k
escriptori
rul3r
regle
b00k
llibre
pup1l
estudiant

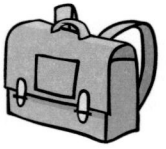

547ch3l
bossa

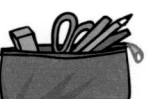

p3nc1l c453
estoig

p3nc1l
llapis

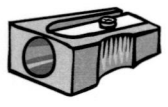

p3nc1l 5h4rp3n3r
maquineta de fer punta

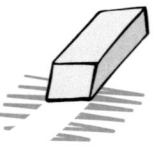

rubb3r
goma

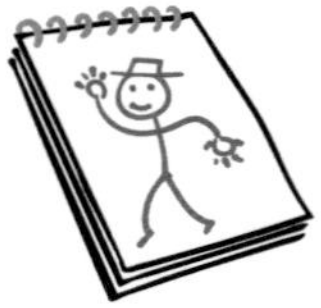

dr4w1n6 p4d
bloc de dibuix

dr4w1n6

dibuix

p41n7bru5h

pinzell

p41n7 b0x

capsa de pintures

5c1550r5

tisores

6lu3

cola

3x3rc153 b00k

quadern d'exercicis

h0m3w0rk

deures

numb3r

nombre

4dd

afegir

5ub7r4c7

sostreure

mul71ply

multiplicar

c4lcul473

calcular

l3773r

lletra

4lph4b37

alfabet

w0rd

mot

73x7

text

r34d

llegir

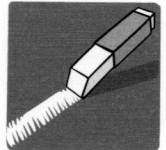

ch4lk

guix

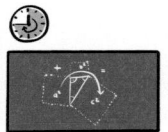

l3550n

lliçó

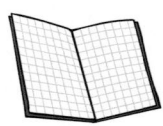

r361573r

llibre de classe

3x4m1n4710n

examen

c3r71f1c473

certificat

5ch00l un1f0rm

uniforme escolar

3duc4710n

formació

3ncycl0p3d14

enciclopèdia

un1v3r517y

universitat

m1cr05c0p3

microscopi

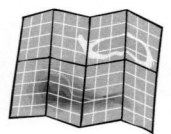

m4p

mapa

w4573-p4p3r b45k37

paperera

7r4v3l
viatge

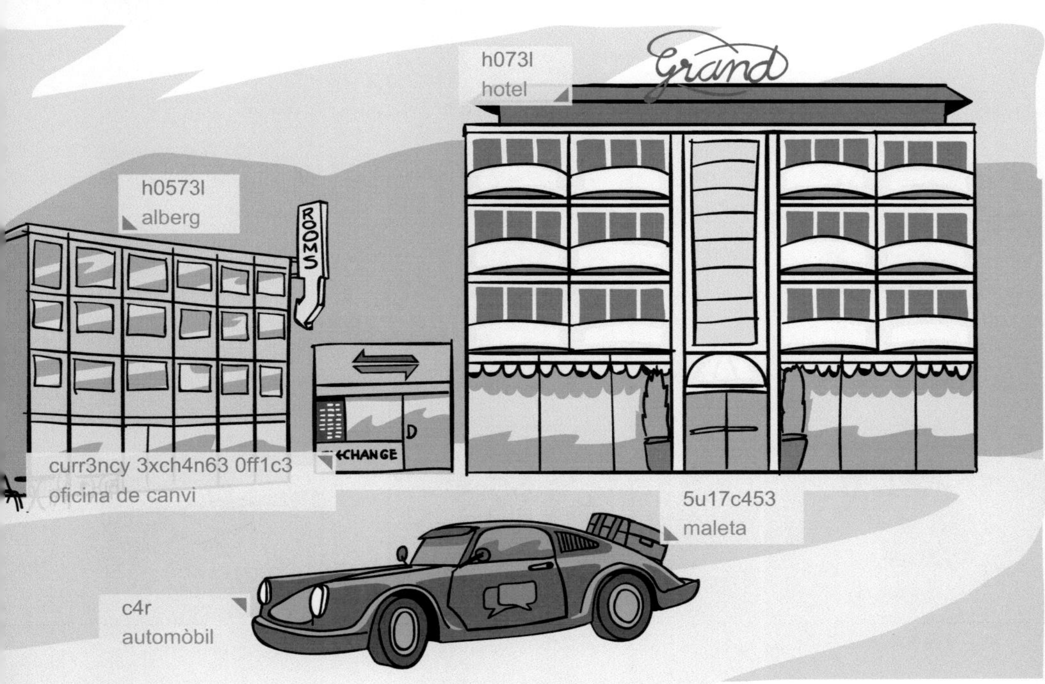

h073l
hotel
Grand
h0573l
alberg
ROOMS
EXCHANGE
curr3ncy 3xch4n63 0ff1c3
oficina de canvi
5u17c453
maleta
c4r
automòbil

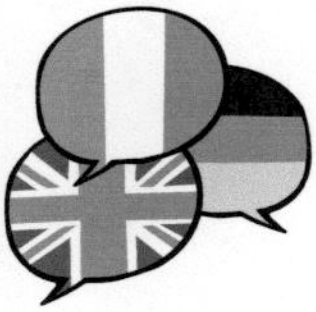

l4n6u463

llengua

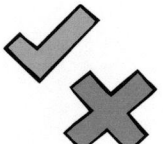

y35 / n0

sí / no

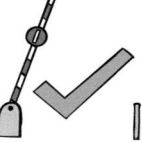

0k4y

D'acord

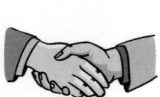

h3ll0

Ey!

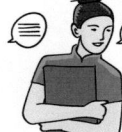

7r4n5l470r

traductora

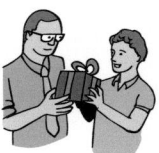

7h4nk y0u

gràcies

h0w much 15

Quant costa… ?

1 d0 n07 und3r574nd

No entenc

pr0bl3m

problema

600d 3v3n1n6!

Bona nit!

600d m0rn1n6!

bon dia!

600d n16h7!

bona nit!

600dby3

fins aviat

d1r3c710n

direcció

lu66463

bagatge

b46

bossa

b4ckp4ck

sarrona

6u357

convidat

r00m

cambra

5l33p1n6 b46

sac de dormir

73n7

tenda

70ur157 1nf0rm4710n

oficina de turisme

b34ch

platja

cr3d17 c4rd

carta de crèdit

br34kf457

esmorzar

lunch

dinar

d1nn3r

sopar

71ck37

bitllet

3l3v470r

ascensor

574mp

segell

b0rd3r

frontera

cu570m5

duana

3mb455y

ambaixada

v154

visat

p455p0r7

passaport

7r4n5p0r7

transport

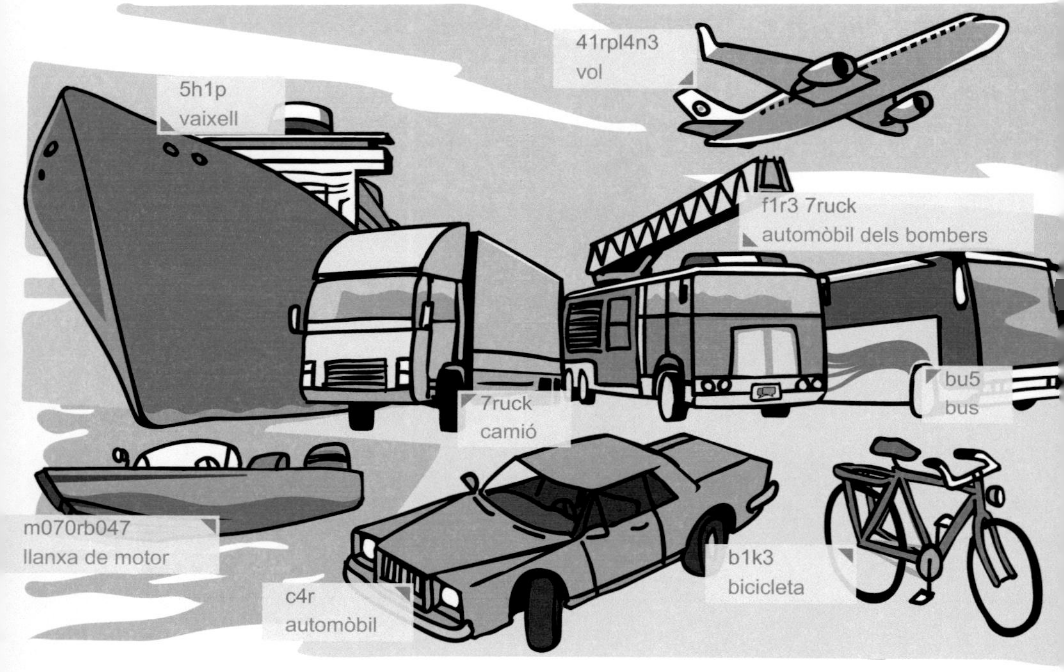

41rpl4n3
vol

5h1p
vaixell

f1r3 7ruck
automòbil dels bombers

7ruck
camió

bu5
bus

m070rb047
llanxa de motor

b1k3
bicicleta

c4r
automòbil

f3rry

transbordador

b047

barca

m070rb1k3

moto

p0l1c3 c4r

automòbil de policia

r4c1n6 c4r

automòbil de curses

r3n74l c4r

automòbil de lloguer

c4r 5h4r1n6

vehicle compartit

70w 7ruck

grua

64rb463 7ruck

camió de les escombraries

3n61n3

motor

fu3l

benzina

fu3l 574710n

benzineria

7r4ff1c 516n

senyal de trànsit

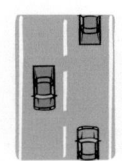

7r4ff1c

trànsit

7r4ff1c j4m

embús

p4rk1n6 l07

aparcament

7r41n 574710n

estació de trens

7r4ck5

vies

7r41n

tren

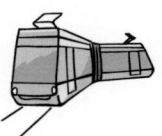

7r4m

tramvia

w460n

vagó

h3l1c0p73r

helicòpter

41rp0r7

aeroport

70w3r

torre

p4553n63r

passatger

c0n741n3r

contenidor

c4r70n

capsa de cartó

c4r7

carretó

b45k37

cistella

74k3 0ff / l4nd

enlairar-se / aterrar

c17y

ciutat

v1ll463

poble

c17y c3n73r

centre de la ciutat

h0u53

casa

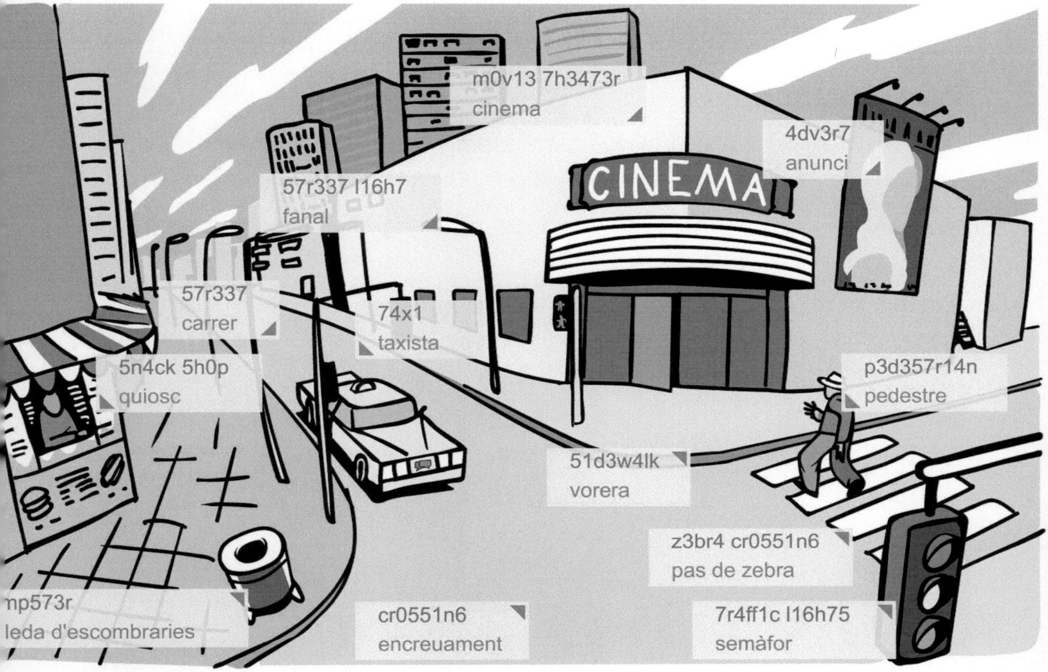

hu7

cabana

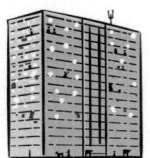

4p4r7m3n7

apartament

7r41n 574710n

estació de trens

c17y h4ll

casa de la vila-ciutat

mu53um

museu

5ch00l

escola

un1v3r517y

universitat

b4nk

banca

h05p174l

hospital

h073l

hotel

ph4rm4cy

farmàcia

0ff1c3

oficina

b00k 5h0p

llibreria

5h0p

botiga

fl0w3r 5h0p

floristeria

5up3rm4rk37

supermercat

m4rk37

mercat

d3p4r7m3n7 570r3

gran magatzem

f15hm0n63r'5 5h0p

peixateria

m4ll

centre comercial

h4rb0r

port

p4rk

parc

b3nch

banc

br1d63

pont

5741r5

escala

5ubw4y

metro

7unn3l

túnel

bu5 570p

parada d'autobús

b4r

bar

r3574ur4n7

restaurant

p057b0x

bústia de correu

57r337 516n

senyal indicador

p4rk1n6 m373r

parquímetre

z00

zoo

5w1mm1n6 p00l

piscina

m05qu3

mesquita

f4rm
granja

p0llu710n
pol·lució

c3m373ry
cementiri

church
església

pl4y6r0und
parc infantil

73mpl3
temple

l4nd5c4p3
paisatge

l34f
fulla

516np057
cartell indicador

p47h
camí

m34d0w
prat

570n3
pedra

7r33
arbre

h1k3r
excursionista

r1v3r
riu

6r455
gespa

fl0w3r
flor

v4ll3y

vall

h1ll

muntanya

l4k3

llac

f0r357

bosc

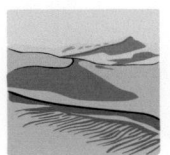

d353r7

desert

v0lc4n0

volcà

c457l3

castell

r41nb0w

arc de Sant Martí

mu5hr00m

bolet

p4lm 7r33

palmera

m05qu170

moscard

fly

mosca

4n7

formiga

b33

abella

5p1d3r

aranya

b337l3

escarabat

fr06

granota

5qu1rr3l

esquirol

h3d63h06

eriçó

h4r3

llebre

0wl

òliba

b1rd

ocell

5w4n

cigne

b04r

senglar

d33r

cervo

m0053

ant

d4m

presa

w1nd 7urb1n3

turbina

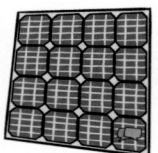

50l4r p4n3l

panell solar

cl1m473

clima

w4173r
cambrer

m3nu
menú

ch41r
cadira

50up
sopa

p1zz4
pizza

74bl3cl07h
tovalla

cu7l3ry
coberts

574r73r

primer plat

m41n c0ur53

plat principal

d3553r7

darreries

dr1nk5

begudes

f00d

menjar

b077l3

ampolla

f457 f00d

menjar ràpid

57r337 f00d

menjar de carrer

734p07

tetera

5u64r b0wl

sucrer

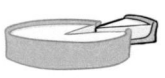

p0r710n

porció

35pr3550 m4ch1n3

màquina d'espresso

h16h ch41r

trona

b1ll

factura

7r4y

plata

kn1f3

ganivet

f0rk

forqueta

5p00n

cullera

7345p00n

cullereta

53rv13773

tovalló

6l455

got

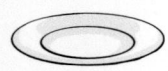

pl473

plat

50up pl473

plat de sopa

54uc3r

plateret

54uc3

salsa

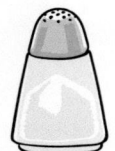

54l7 5h4k3r

saler

p3pp3r m1ll

molinet de pebre

v1n364r

vinagre

01l

oli

5p1c35

espècies

k37chup

quètxup

mu574rd

mostassa

m4y0nn4153

maionesa

5up3rm4rk37

supermercat

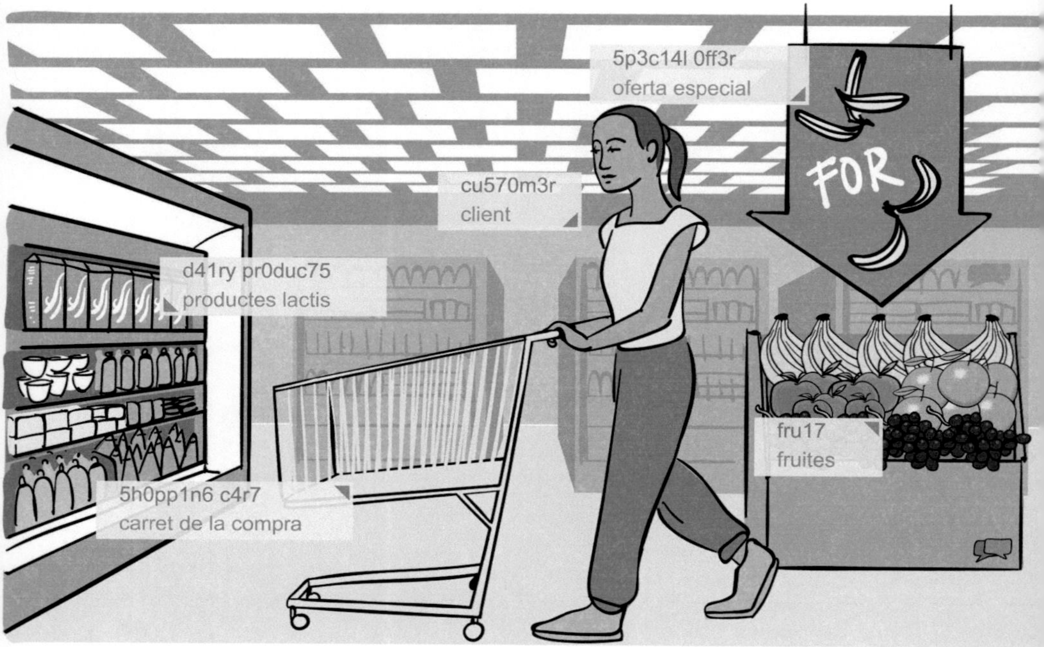
5p3c14l 0ff3r
oferta especial
FOR
cu570m3r
client
d41ry pr0duc75
productes lactis
fru17
fruites
5h0pp1n6 c4r7
carret de la compra

BUTCHERS

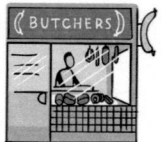

bu7ch3r'5 5h0p

carnisseria

BAKERY

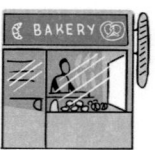

b4k3ry

forn de pa

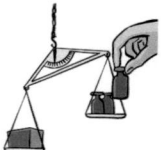

w316h

pesar

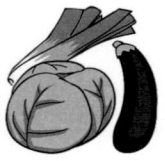

v36374bl35

verdures

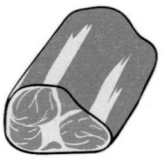

m347

carn

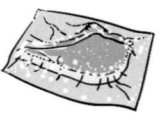

fr0z3n f00d

menjar congelat

c0ld cu75

carn freda

c4nn3d f00d

conserves

d373r63n7

detergent en pols

c4ndy

dolços

h0u53h0ld pr0duc75

articles domèstics

cl34n1n6 pr0duc75

productes de neteja

54l35 r3pr353n7471v3

venedora

c45h r361573r

caixa registradora

c45h13r

caixera

5h0pp1n6 l157

llista de la compra

0p3n1n6 h0ur5

horari d'obertura

w4ll37

portamonedes

cr3d17 c4rd

carta de crèdit

b46

bossa

pl4571c b46

bossa de plàstic

w473r

aigua

ju1c3

suc

m1lk

llet

c0k3

coca-cola

w1n3

vi

b33r

cervesa

4lc0h0l

alcohol

c0c04

cacau

734

te

c0ff33

cafè

35pr3550

espresso

c4ppucc1n0

cappuccino

b4n4n4

banana

4ppl3

poma

0r4n63

taronja

m3l0n

síndria

l3m0n

llimona

c4rr07

pastanaga

64rl1c

all

b4mb00

bambú

0n10n

ceba

mu5hr00m

bolet

nu75

avellanes

n00dl35

fideus

5p46h3771

espaguetis

r1c3

arròs

54l4d

amanida

fr135

patates fregides

fr13d p0747035

patates fregides

p1zz4

pizza

h4mbur63r

hamburguesa

54ndw1ch

entrepà

35c4l0p3

escalopa

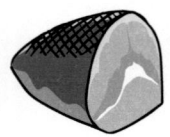

h4m

cuixot

54l4m1

salami

54u5463

salsitxa

ch1ck3n

pollastre

r0457

rostit

f15h

peix

p0rr1d63 0475

flocs de civada

mu35l1

musli

c0rnfl4k35

cereals

fl0ur

farina

cr01554n7

croissant

br34d r0ll

panet

br34d

pa

70457

torrada

c00k135

bescuits

bu773r

mantega

curd

mató

c4k3

pastís

366

ou

fr13d 366

ou fregit

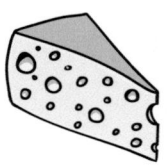

ch3353

formatge

1c3 cr34m

gelat

5u64r

sucre

h0n3y

mel

j3lly

melmelada

n0u647 cr34m

crema de xocolata

curry

curri

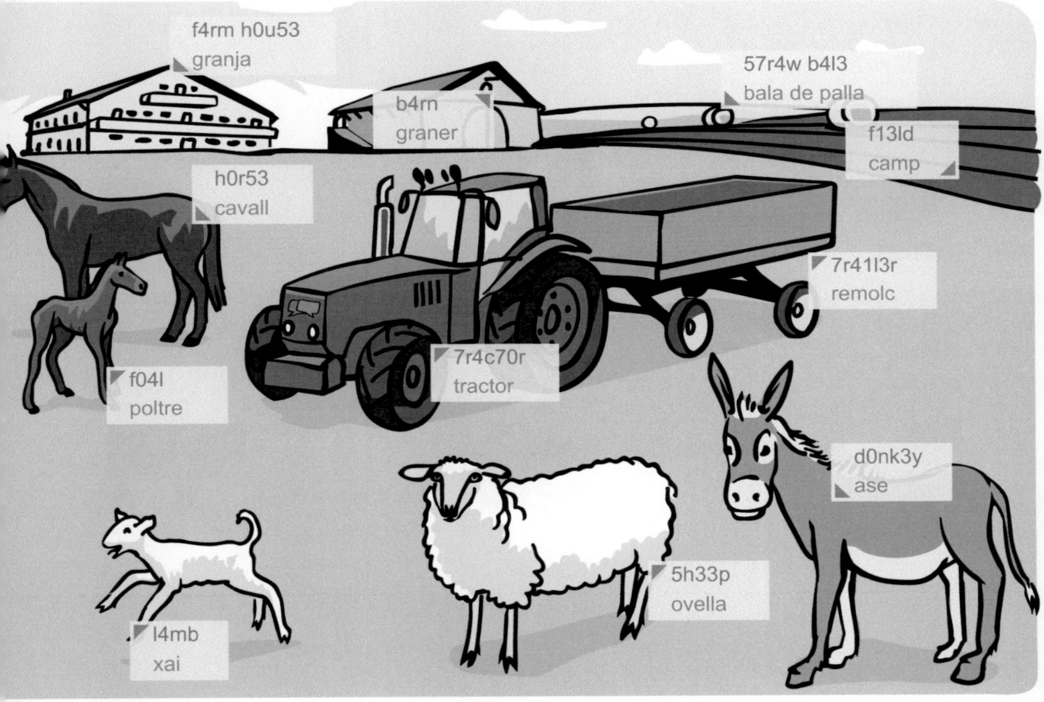

f4rm h0u53
granja

b4rn
graner

57r4w b4l3
bala de palla

f13ld
camp

h0r53
cavall

7r41l3r
remolc

f04l
poltre

7r4c70r
tractor

d0nk3y
ase

l4mb
xai

5h33p
ovella

6047

cabra

c0w

vaca

c4lf

vedella

p16

porc

p16l37

garrí

bull

bou

60053

oca

duck

ànec

ch1ck

poll

h3n

gall

c0ck3r3l

gallina

r47

rata

c47

gat

m0u53

ratolí

0x

bou

d06

gos

d06 h0u53

gossera

64rd3n h053

mànega de regar

w473r1n6 c4n

regadora

5cy7h3

dalla

pl0u6h

arada

51ckl3

falç

h03

aixada

p17chf0rk

forca

4x3

destral

pu5hc4r7

carretó

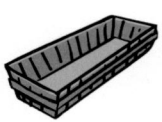

7r0u6h

abeurador

m1lk c4n

lletera

54ck

sac

f3nc3

tanca

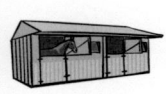

574bl3

establa

6r33nh0u53

hivernacle

501l

sòl

533d

llavor

f3r71l1z3r

adob

c0mb1n3 h4rv3573r

collidora

h4rv357

collir

h4rv357

collita

y4m5

nyam

wh347

blat

50y4

soja

p07470

patata

c0rn

blat de moro o d'indi

r4p3533d

colza

fru17 7r33

arbre fruiter

m4n10c

mandioca

6r41n

cereals

h0u53

casa

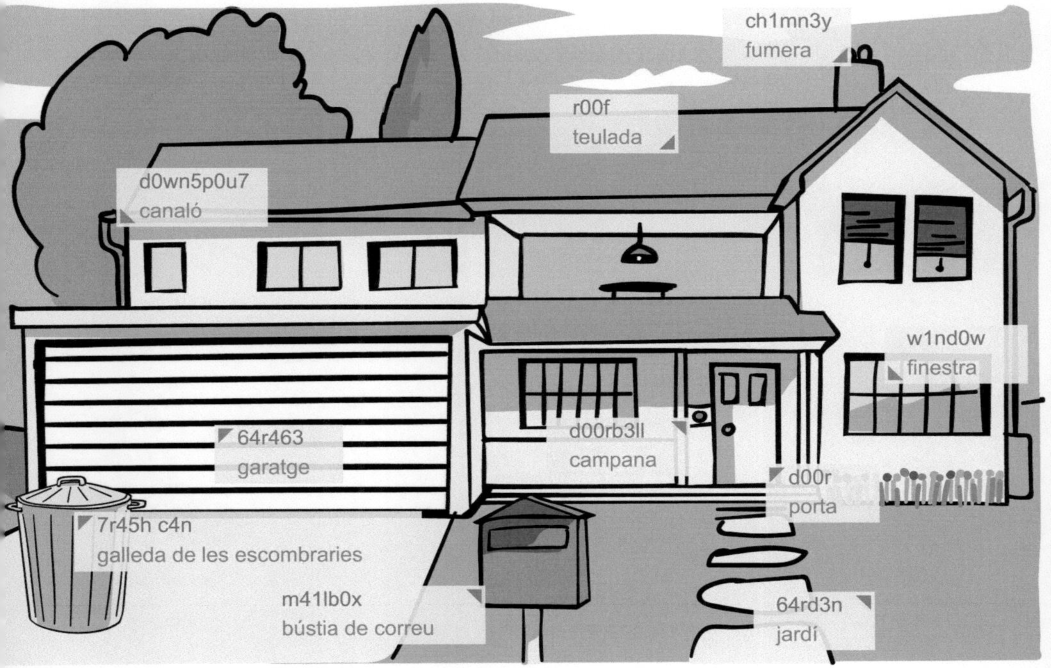
ch1mn3y
fumera
r00f
teulada
d0wn5p0u7
canaló
w1nd0w
finestra
64r463
garatge
d00rb3ll
campana
d00r
porta
7r45h c4n
galleda de les escombraries
m41lb0x
bústia de correu
64rd3n
jardí

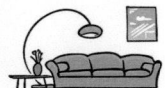

l1v1n6 r00m

sala d'estar

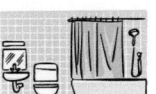

b47hr00m

bany

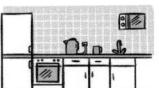

k17ch3n

cuina

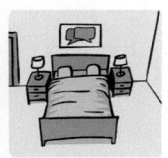

b3dr00m

cambra de dormir

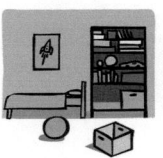

ch1ld'5 r00m

cambra de nen

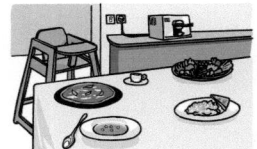

d1n1n6 r00m

menjador

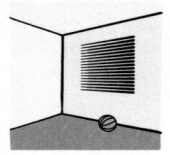

fl00r

sòl

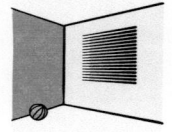

w4ll

paret

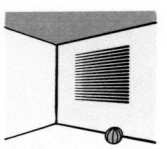

c31l1n6

sostre

c3ll4r

soterrani

54un4

sauna

b4lc0ny

balcó

73rr4c3

terrassa

p00l

piscina

l4wn m0w3r

tallagespa

5h337

vànova

b3d5pr34d

cobrellit

b3d

llit

br00m

escombra

buck37

galleda

5w17ch

interruptor

l1v1n6 r00m

sala d'estar

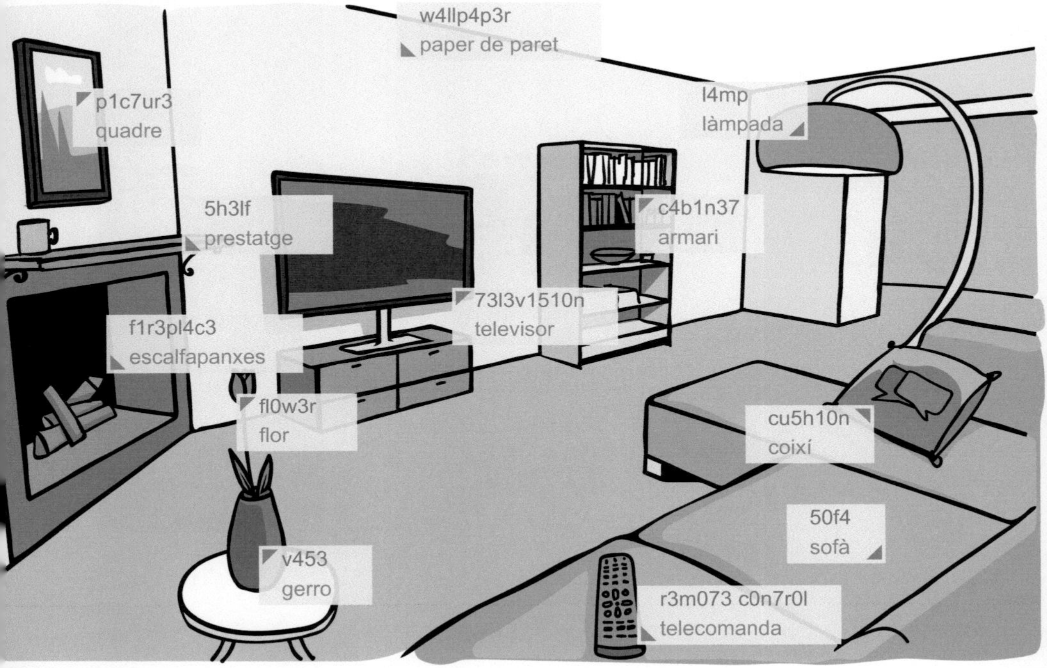

w4llp4p3r
paper de paret
p1c7ur3
quadre
l4mp
làmpada
5h3lf
prestatge
c4b1n37
armari
73l3v1510n
televisor
f1r3pl4c3
escalfapanxes
fl0w3r
flor
cu5h10n
coixí
50f4
sofà
v453
gerro
r3m073 c0n7r0l
telecomanda

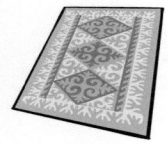

c4rp37

catifa

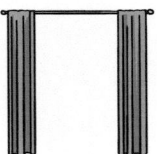

dr4p3

cortina

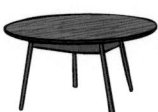

74bl3

taula

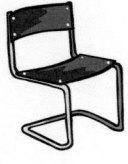

ch41r

cadira

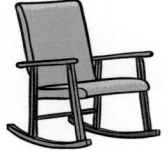

r0ck1n6 ch41r

cadira gronxadora

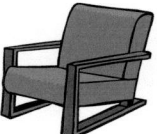

4rmch41r

cadiral

b00k

llibre

bl4nk37

llençol

d3c0r4710n

decoració

f1r3w00d

llenya

f1lm

film

573r30 5y573m

cadena de música

k3y

clau

n3w5p4p3r

diari

p41n71n6

pintura

p0573r

cartell

r4d10

ràdio

n073b00k

bloc de notes

v4cuum cl34n3r

aspiradora

c4c7u5

cactus

c4ndl3

candela

k17ch3n

cuina

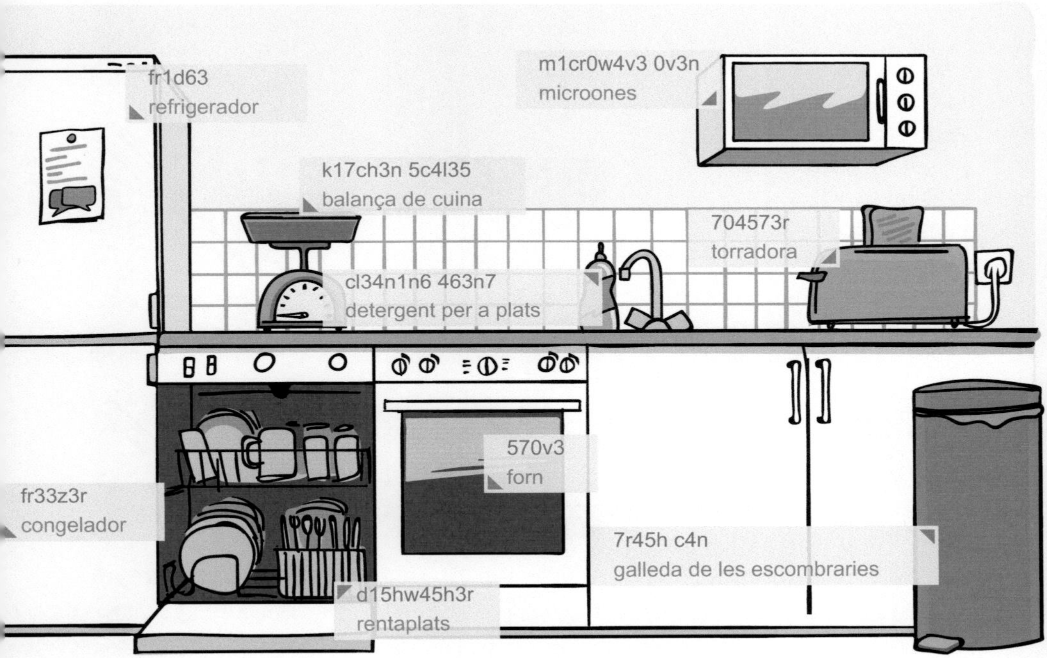
fr1d63
refrigerador
m1cr0w4v3 0v3n
microones
k17ch3n 5c4l35
balança de cuina
704573r
torradora
cl34n1n6 463n7
detergent per a plats
570v3
forn
fr33z3r
congelador
7r45h c4n
galleda de les escombraries
d15hw45h3r
rentaplats

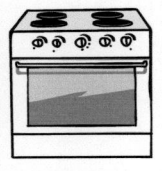

c00k3r

cuina de fogons

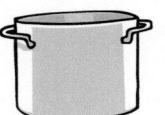

p07

olla

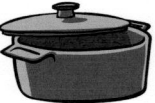

c457-1r0n p07

olla de ferro colat

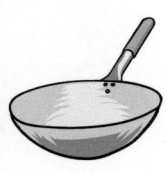

w0k / k4d41

wok / karahi

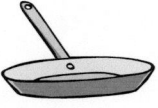

p4n

paella

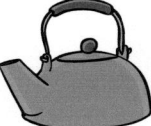

k377l3

bullidor

5734m3r

olla de vapor

b4k1n6 7r4y

plata de forn

cr0ck3ry

vaixella

mu6

tassa grossa

b0wl

bol

ch0p571ck5

bastonets xinesos

l4dl3

culler

5p47ul4

espàtula

wh15k

batedor

57r41n3r

colador

513v3

sedàs

6r473r

ratllador

m0r74r

morter

b4rb3cu3

barbacoa

f1r3pl4c3

foc a terra

ch0pp1n6 b04rd

taula de tallar

r0ll1n6 p1n

corró

c0rk5cr3w

llevataps

c4n

pot de conserva

c4n 0p3n3r

obridor

0v3n cl07h

agafador

51nk

aigüera

bru5h

raspall

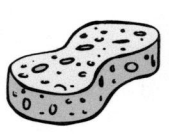

5p0n63

esponja

bl3nd3r

batedora

d33p fr33z3r

congelador

b4by b077l3

biberó

74p

aixeta

b47hr00m

bany

h3471n6
calefacció
70w3l
tovallola
5h0w3r
dutxa
5h0w3r cur741n
cortina de dutxa
bubbl3 b47h
bany de bombollles
b47h7ub
banyera
6l455
got
w45h1n6 m4ch1n3
rentadora
74p
aixeta
71l35
rajoles
p077y
orinal
51nk
aigüera

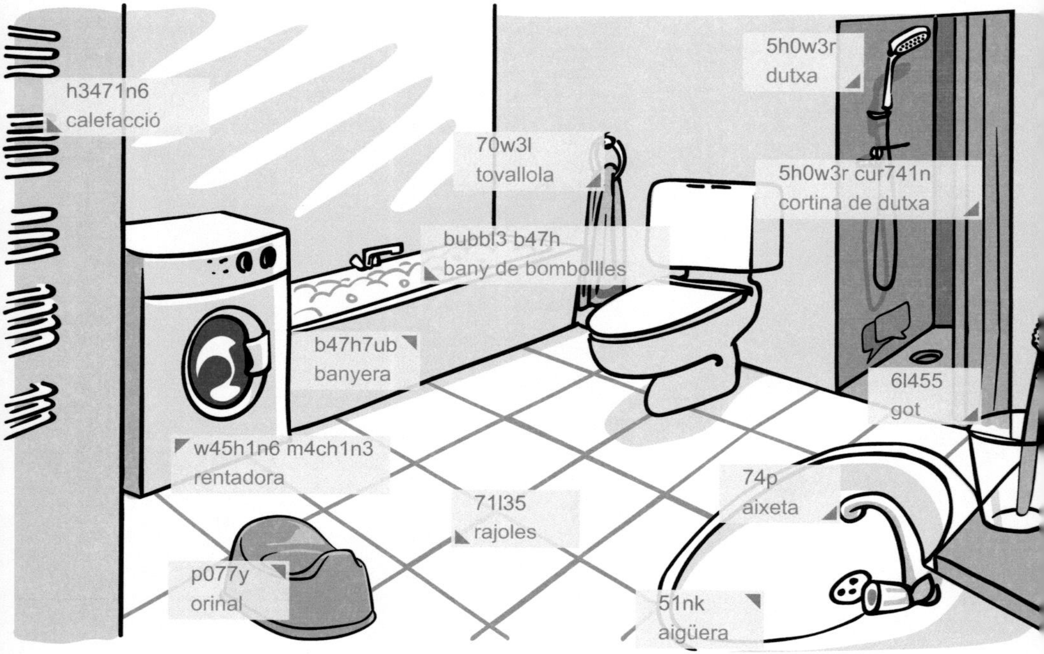

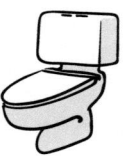

701l37

lavabo

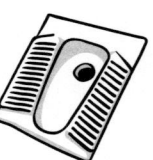

5qu47 701l37

lavabo turc

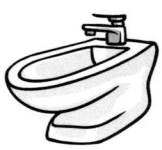

b1d37

bidet

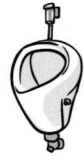

ur1n4l

orinador

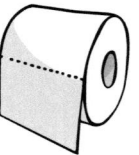

701l37 p4p3r

paper higiènic

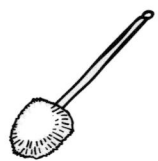

701l37 bru5h

escombreta de sanitari

7007hbru5h

raspall de dents

7007hp4573

pasta de dents

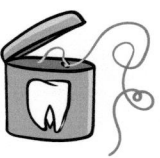

d3n74l fl055

fil dental

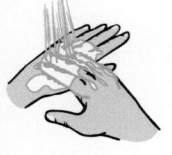

w45h

rentar

h4nd 5h0w3r

pom de dutxa

d0uch3

dutxa íntima

b451n

rentamans

b4ck bru5h

raspall per a l'esquena

504p

sabó

5h0w3r 63l

gel de dutxa

5h4mp00

xampú

fl4nn3l

manyopla de bany

dr41n

bonera

cr3m3

crema

d30d0r4n7

desodorant

m1rr0r

mirall

h4nd m1rr0r

mirall-espill de mà

r4z0r

maquineta de rasar

5h4v1n6 f04m

espuma de barbejar

4f73r5h4v3

loció post-rasada

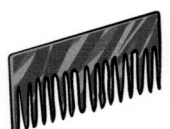

c0mb

pinta

bru5h

raspall

h41r-dry3r

eixugador

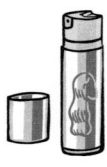

h41r5pr4y

laca

m4k3up

maquillatge

l1p571ck

pintallavis

n41l v4rn15h

esmalt d'ungles

c0770n w00l

cotó

n41l 5c1550r5

tallaungles

p3rfum3

perfum

w45hb46

estoig de bellesa

5700l

tamboret

w316h1n6 5c4l35

bàscula

b47hr0b3

barnús

rubb3r 6l0v35

guants de goma

74mp0n

compresa higiènica

54n174ry 70w3l

compresa

ch3m1c4l 701l37

sanitari químic

ch1ld'5 r00m

cambra de nen

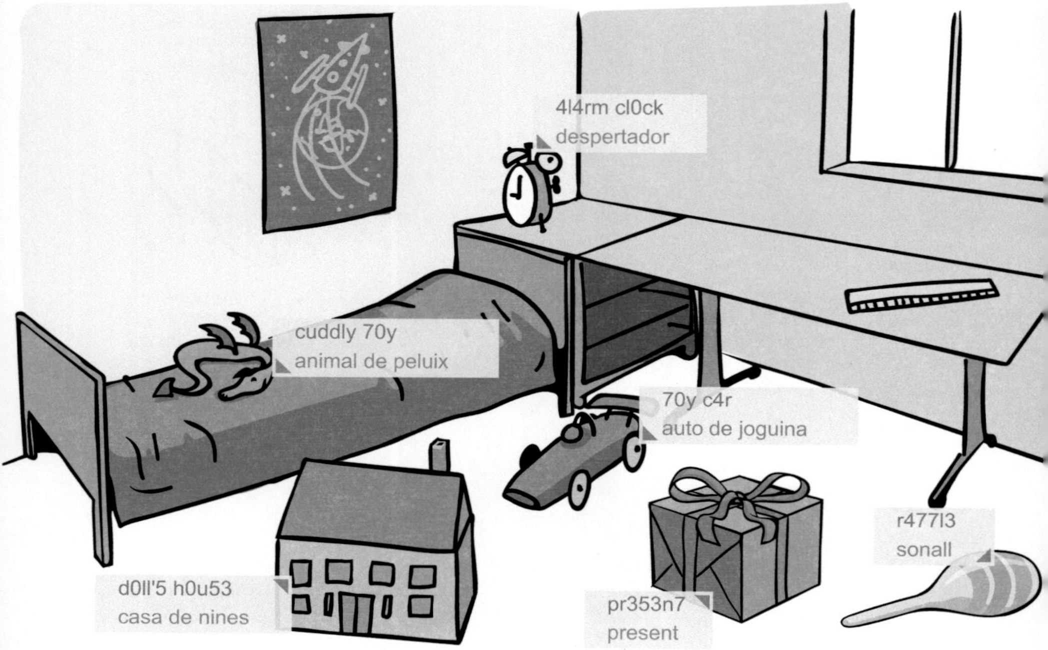

4l4rm cl0ck
despertador
cuddly 70y
animal de peluix
70y c4r
auto de joguina
r477l3
sonall
d0ll'5 h0u53
casa de nines
pr353n7
present

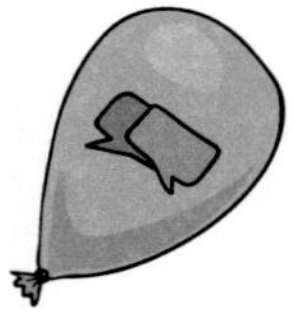

b4ll00n

baló

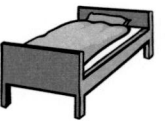

b3d

llit

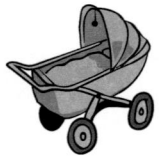

57r0ll3r

cotxet per a nens

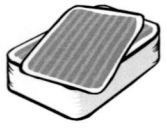

d3ck 0f c4rd5

joc de cartes

j1654w

trencaclosca

SUPER
MEGA

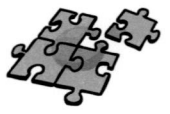

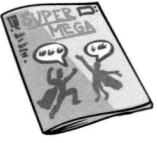

c0m1c

historieta

l360 br1ck5

peces de lego

70y bl0ck5

peces de construcció

4c710n f16ur3

ninot d'acció

r0mp3r 5u17

granota

fr15b33

frisbee

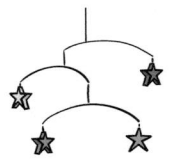

m0b1l3

mòbil per a bressol

b04rd 64m3

joc de taula

d1c3

daus

m0d3l 7r41n 537

tren elèctric

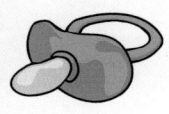

dummy

xumet

p4r7y

festa

p1c7ur3 b00k

llibre de dibuixos

b4ll

pilota

d0ll

nina

pl4y

jugar

54ndp17

sorrera

5w1n6

gronxador

70y

joguines

v1d30 64m3 c0n50l3

consola de jocs de vídeo

7r1cycl3

tricicle

73ddy b34r

osset de peluix

w4rdr0b3

armari

cl07h1n6

roba

50ck5

mitjons

570ck1n65

mitges

716h75

mitja pantaló

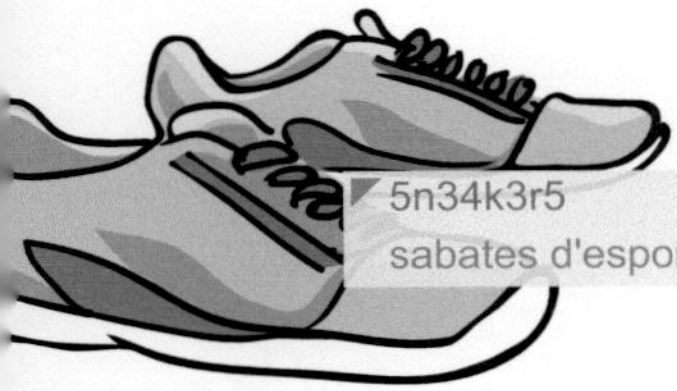

5c4rf
tapacoll

umbr3ll4
paraigua

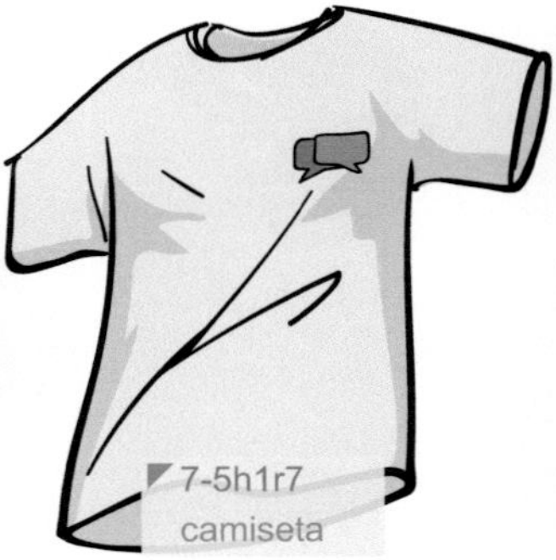

7-5h1r7
camiseta

b3l7
cintura

5n34k3r5
sabates d'esport

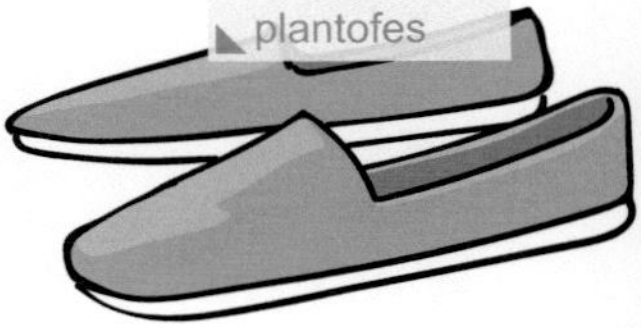

b0075
botes

5l1pp3r5
plantofes

54nd4l5
....
sandàlies

5h035
....
sabates

rubb3r b0075
....
botes de goma

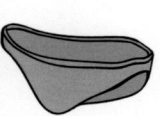

br13f5
....
calçonets

br4
....
sostenidor

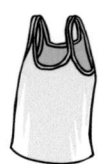

und3r5h1r7
....
guardapits

b0dy

jjustacòs

p4n75

pantalons

j34n5

jeans

5k1r7

faldeta

bl0u53

brusa

5h1r7

camisa

pull0v3r

jersei

5w3473r

dessuadora

bl4z3r

blazer

j4ck37

jaqueta

c047

mantell

r41nc047

impermeable

c057um3

vestit de dona

dr355

vestit de dona

w3dd1n6 dr355

vestit de núvia

5u17

vestit d'home

n16h760wn

camisa de dormir

p4j4m45

pijama

54r1

sari

h34d5c4rf

mocador de cap

7urb4n

turbant

burk4

burca

k4f74n

caftan

4b4y4

abaia

5w1m5u17

vestit de bany

7runk5

calçon(et)s de bany

5h0r75

pantalons curts

7r4ck5u17

xandall

4pr0n

davantal

6l0v35

guants

bu770n

botó

6l45535

ulleres

br4c3l37

braçalet

n3ckl4c3

collaret

r1n6

anell

34rr1n6

orellera

c4p

casquet

c047 h4n63r

penjador

h47

capell

713

corbata

z1p

cremallera

h3lm37

casc

br4c35

elàstics

5ch00l un1f0rm

uniforme escolar

un1f0rm

uniforme

b1b
pitet

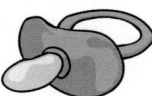

dummy
xumet

d14p3r
bolquer

0ff1c3
oficina

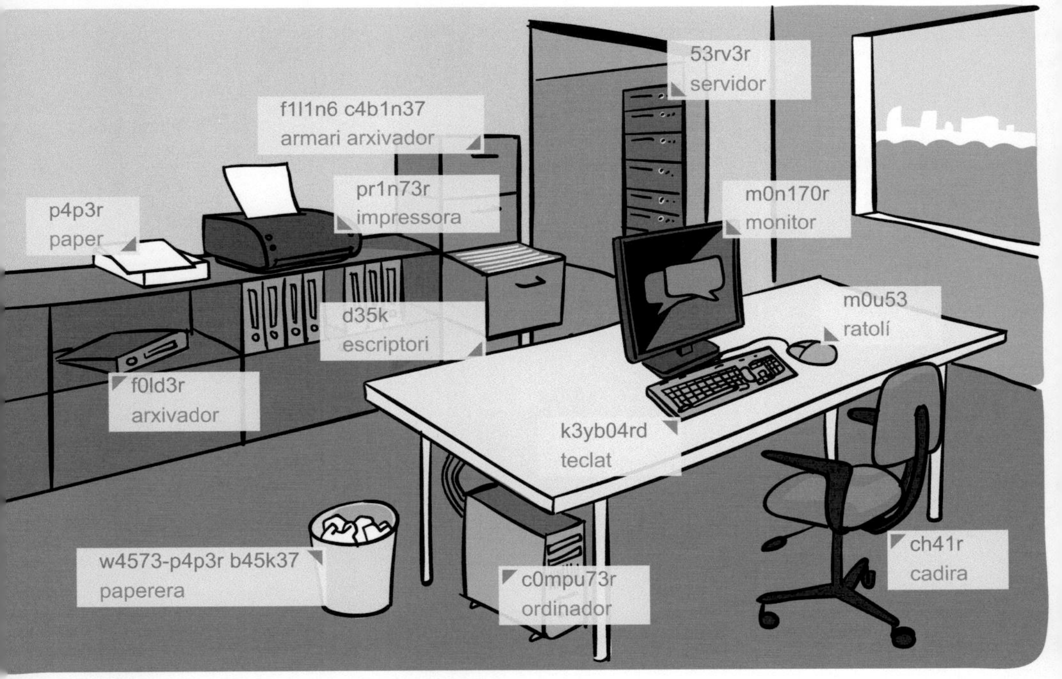

53rv3r
servidor

f1l1n6 c4b1n37
armari arxivador

pr1n73r
impressora

m0n170r
monitor

p4p3r
paper

m0u53
ratolí

d35k
escriptori

f0ld3r
arxivador

k3yb04rd
teclat

ch41r
cadira

w4573-p4p3r b45k37
paperera

c0mpu73r
ordinador

c0ff33 mu6
tassa de cafè

c4lcul470r
calculadora

1n73rn37
Internet

l4p70p

ordinador portàtil

l3773r

lletra

m355463

missatge

c3ll ph0n3

mòbil

n37w0rk

xarxa

ph070c0p13r

fotocopiadora

50f7w4r3

programari

73l3ph0n3

telèfon

plu6 50ck37

presa de corrent

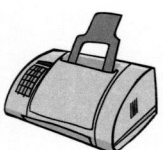

f4x m4ch1n3

fax

f0rm

formulari

d0cum3n7

document

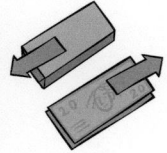

buy

comprar

p4y

pagar

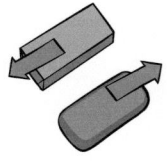

7r4d3

comerciar

m0n3y

diners

d0ll4r

dòlar

3ur0

euro

y3n

ien

r0ubl3

ruble

5w155 fr4nc

franc suís

r3nm1nb1 yu4n

renminbi

rup33

rupia

c45h p01n7

caixa automàtica

curr3ncy 3xch4n63 0ff1c3

oficina de canvi

60ld

or

51lv3r

argent

01l

petroli

3n3r6y

energia

pr1c3

preu

c0n7r4c7

contracte

74x

impost

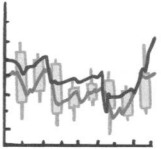

570ck

acció

w0rk

treballar

3mpl0y33

treballador

3mpl0y3r

empresari

f4c70ry

fàbrica

5h0p

botiga

p0l1c3 0ff1c3r
oficial de policia

f1r3m4n
bomber

c00k
cuiner

d0c70r
doctora

p1l07
pilot

64rd3n3r

jardiner

c4rp3n73r

fuster

534m57r355

costurera

jud63

jutge

ch3m157

química

4c70r

actor

bu5 dr1v3r

conductor d'autobús

74x1 dr1v3r

taxista

f15h3rm4n

pescador

cl34n1n6 l4dy

dona de la neteja

r00f3r

ensostrador

w4173r

cambrer

hun73r

caçador

p41n73r

pintor

b4k3r

forner

3l3c7r1c14n

electricista

bu1ld3r

obrer de la construcció

3n61n33r

enginyer

bu7ch3r

carnisser

plumb3r

llanterner

p057m4n

correu

50ld13r

soldat

4rch173c7

arquitecte

c45h13r

caixera

fl0r157

florista

h41rdr3553r

perruquer

c0nduc70r

revisor

m3ch4n1c

mecànic

c4p741n

capità

d3n7157

dentista

5c13n7157

científic

r4bb1

rabí

1m4m

imam

m0nk

monjo

p4570r

capellà

700l5

eines

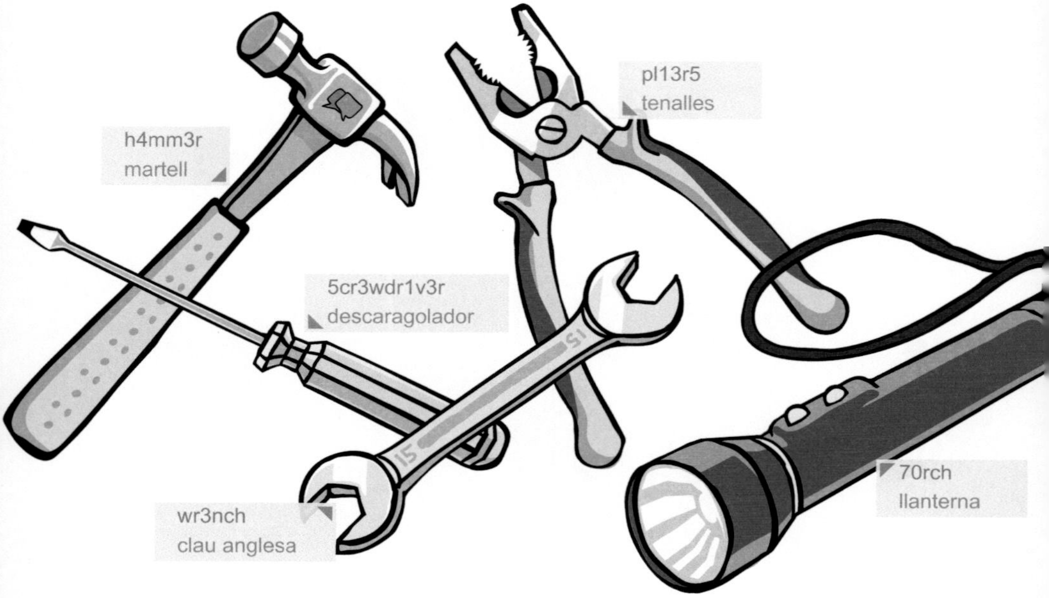
h4mm3r
martell
pl13r5
tenalles
5cr3wdr1v3r
descaragolador
70rch
llanterna
wr3nch
clau anglesa

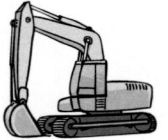

3xc4v470r

excavadora

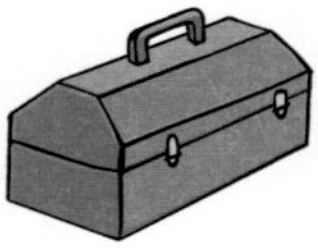

700lb0x

caixa d'eines

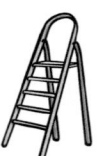

l4dd3r

escala

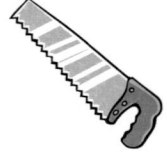

54w

serra

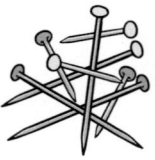

n41l5

claus

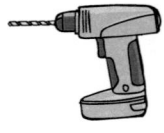

dr1ll

trepant

r3p41r
....
reparar

5h0v3l
....
pala

d4mn!
....
Maleït siga!

du57p4n
....
pala

p41n7 c4n
....
pot de pintura

5cr3w5
....
caragols

mu51c4l 1n57rum3n75

instrument de música

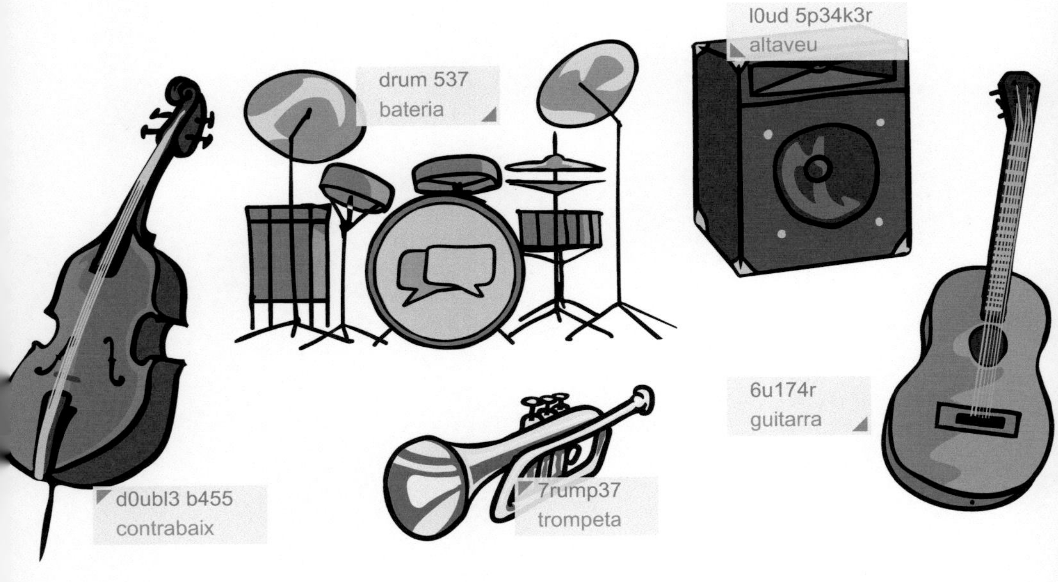

drum 537
bateria

l0ud 5p34k3r
altaveu

6u174r
guitarra

d0ubl3 b455
contrabaix

7rump37
trompeta

p14n0

piano

v10l1n

violí

b455

baix

71mp4n1

timbal

drum5

tambor

k3yb04rd

teclat

54x0ph0n3

saxofon

flu73

flauta

m1cr0ph0n3

micròfon

z00

zoo

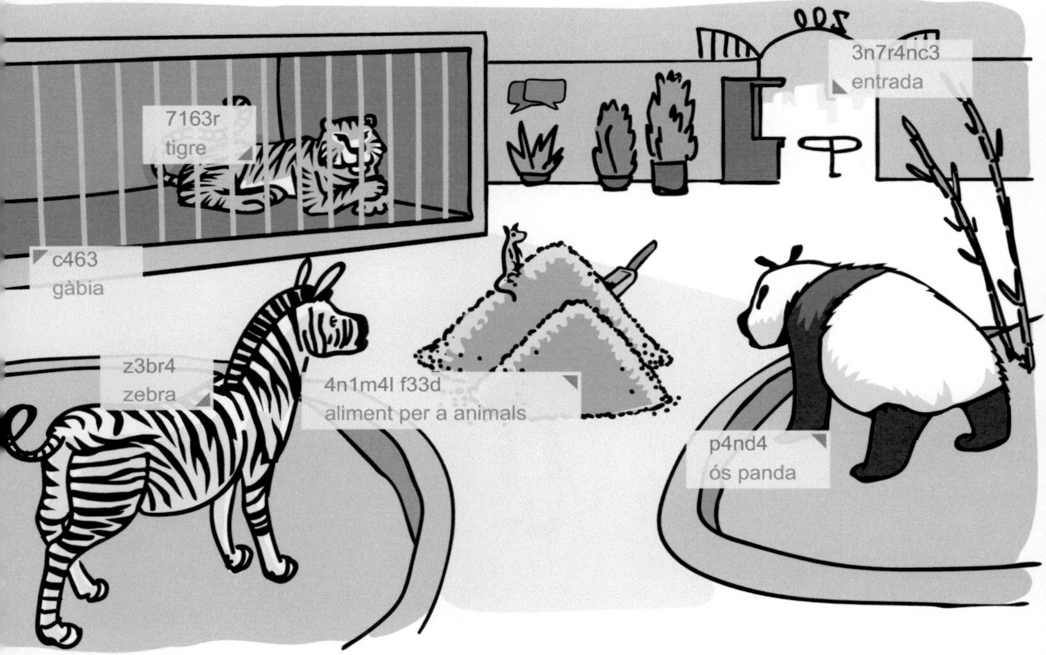

3n7r4nc3
entrada
7163r
tigre
c463
gàbia
z3br4
zebra
4n1m4l f33d
aliment per a animals
p4nd4
ós panda

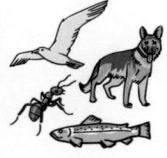

4n1m4l5

animals

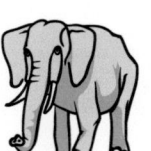

3l3ph4n7

elefant

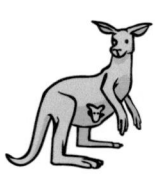

k4n64r00

cangurú

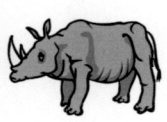

rh1n0

rinoceront

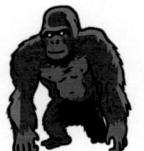

60r1ll4

goril·la

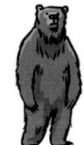

b34r

ós

c4m3l

camell

057r1ch

estruç

l10n

lleó

m0nk3y

simi

fl4m1n60

flamenc

p4rr07

papagai

p0l4r b34r

ós polar

p3n6u1n

pingüí

5h4rk

ca mari

p34c0ck

paó

5n4k3

serp

cr0c0d1l3

cocodril

z00k33p3r

guardià del zoo

534l

foca

j46u4r

jaguar

p0ny

poni

l30p4rd

lleopard

h1pp0

hipopòtam

61r4ff3

girafa

346l3

àliga

b04r

senglar

f15h

peix

7ur7l3

tortuga

w4lru5

morsa

f0x

guineu

64z3ll3

gasela

4m3r1c4n f007b4ll
futbol americà

cycl1n6
ciclisme

73nn15
tenis

b45k37b4ll
bàsquet

5w1mm1n6
natació

b0x1n6
boxa

1c3 h0ck3y
hoquei sobre gel

50cc3r

futbol americà

b4dm1n70n

bàdminton

47hl371c5

atletisme

h4ndb4ll

handbol

5k11n6

esquí

p0l0

polo

l4u6h
riure

jump
saltar

hu6
abraçar

51n6
cantar

w4lk
anar

pr4y
pregar

k155
fer un petó

dr34m
somiar

wr173

escriure

dr4w

dibuixar

5h0w

mostrar

pu5h

pitjar

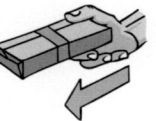

61v3

donar

74k3

prendre

h4v3

tenir

d0

fer

b3

ésser

574nd

estar dret

run

córrer

pull

estirar

7hr0w

llançar

f4ll

caure

l13

jeure

w417

esperar

c4rry

portar

517

asseure's

637 dr3553d

vestir-se

5l33p

dormir

w4k3 up

despertar-se

l00k 47

mirar

cry

plorar

57r0k3

amoixar

c0mb

pentinar

74lk

parlar

und3r574nd

comprendre

45k

demanar

l1573n

escoltar

dr1nk

beure

347

menjar

71dy up

endreçar

l0v3

estimar

c00k

cuinar

dr1v3

conduir

fly

volar

5411

navegar

c4lcul473

calcular

r34d

llegir

l34rn

aprendre

w0rk

treballar

m4rry

casar-se

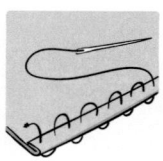

53w

cosir

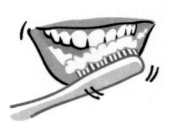

bru5h 7337h

raspallar-se les dents

k1ll

matar

5m0k3

fumar

53nd

enviar

6r4ndm07h3r
àvia

6r4ndf47h3r
avi

f47h3r
pare

m07h3r
mare

b4by
nadó

d4u6h73r
filla

50n
fill

6u357

convidat

4un7

tia

uncl3

oncle

br07h3r

germà

51573r

germana

b0dy

cos

f0r3h34d
front
3y3
ull
5h0uld3r
espatlla
f1n63r
dit
f4c3
cara
ch1n
barbeta
h4nd
mà
br3457
pit
l36
cama
4rm
braç

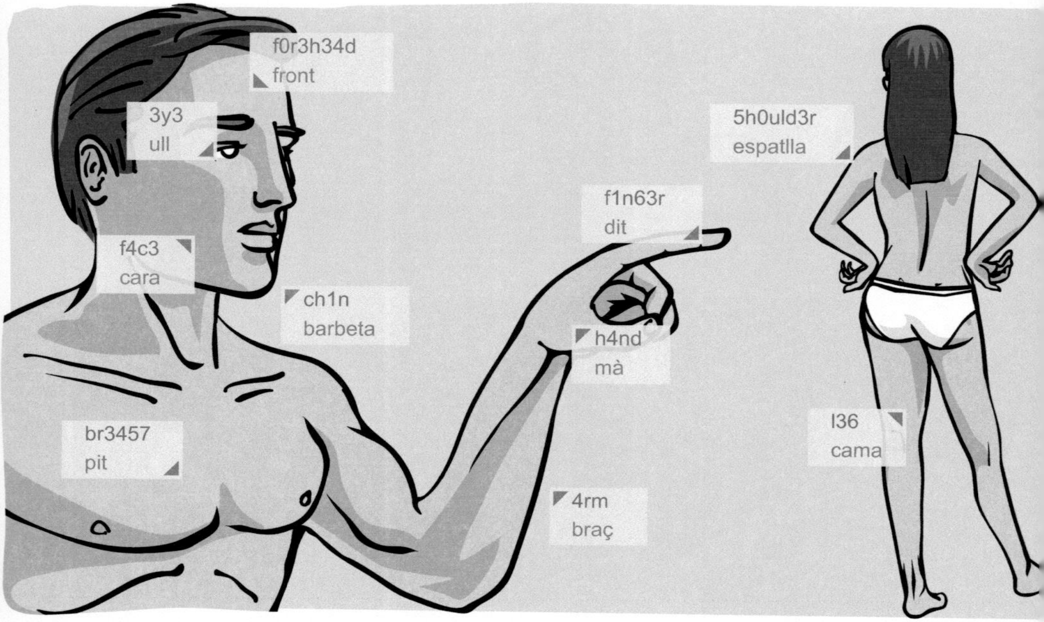

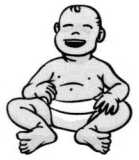

b4by

nadó

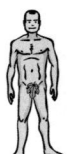

m4n

home

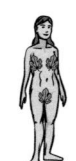

w0m4n

dona

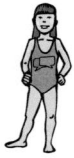

61rl

noia

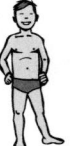

b0y

noi

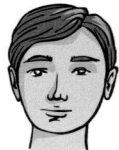

h34d

cap

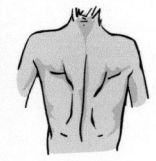

b4ck

esquena

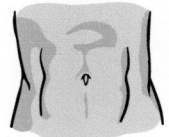

b3lly

panxa

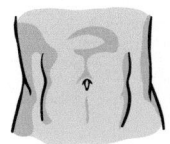

n4v3l

melic

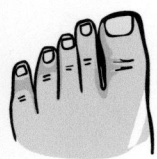

703

dit gros del peu

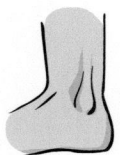

h33l

taló

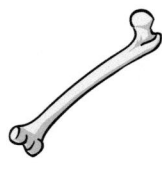

b0n3

os

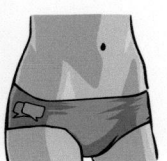

h1p

maluc

kn33

genoll

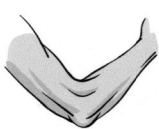

3lb0w

colze

n053

nas

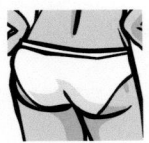

bu770ck5

cul

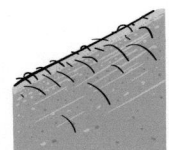

5k1n

pell

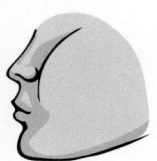

ch33k

galta

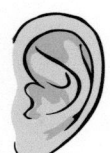

34r

orella

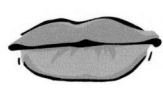

l1p

llavi

m0u7h

boca

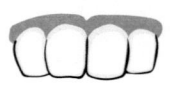

7007h

dent

70n6u3

llengua

br41n

cervell

h34r7

cor

mu5cl3

múscul

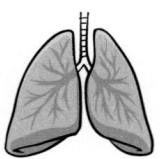

lun6

pulmó

l1v3r

fetge

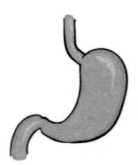

570m4ch

estómac

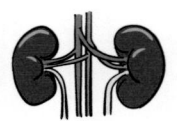

k1dn3y5

ronyó

53x

relació sexual

c0nd0m

preservatiu

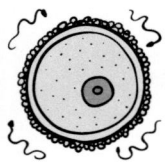

0vum

ovari

53m3n

semen

pr36n4ncy

prenyat

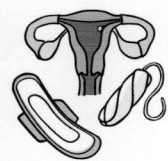

m3n57ru4710n

menstruació

v461n4

vagina

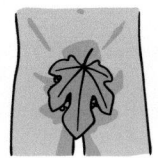

p3n15

penis

3y3br0w

cella

h41r

cabells

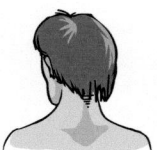

n3ck

coll

h05p174l
hospital

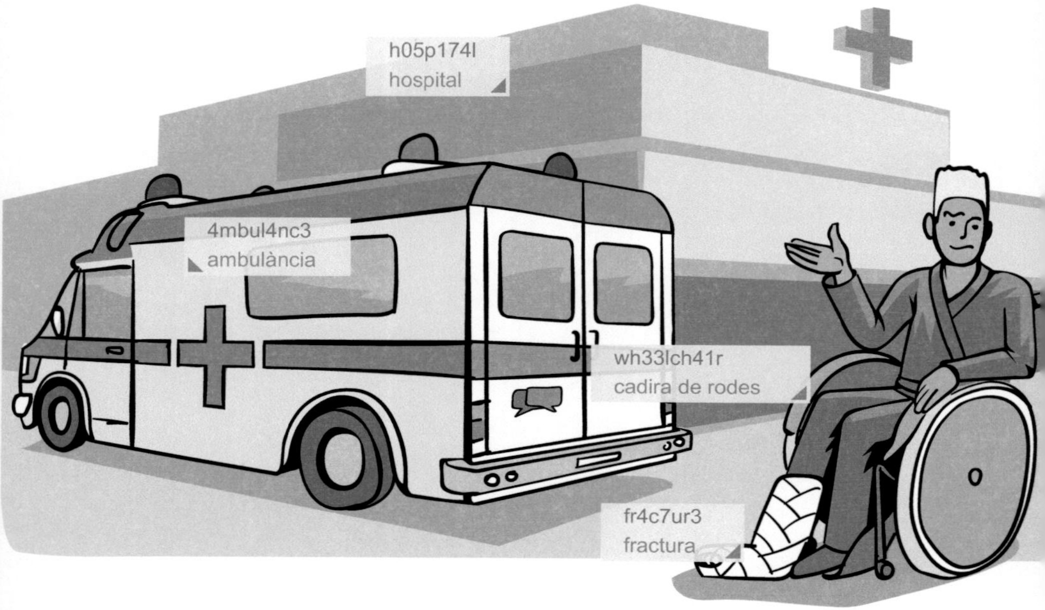

h05p174l
hospital
4mbul4nc3
ambulància
wh33lch41r
cadira de rodes
fr4c7ur3
fractura

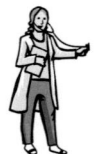

d0c70r

doctora

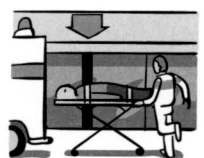

3m3r63ncy r00m

sala d'urgències

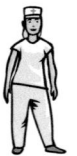

nur53

infermera

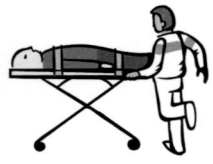

3m3r63ncy

urgència

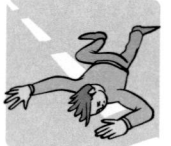

unc0n5c10u5

inconscient

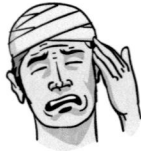

p41n

dolor

1njury

ferida

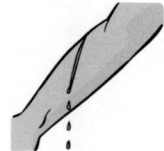

bl33d1n6

sagnament

h34r7 4774ck

atac de cor

57r0k3

apoplexia

4ll3r6y

al·lèrgia

c0u6h

tos

f3v3r

febre

flu

gripa

d14rrh34

diarrea

h34d4ch3

mal de cap

c4nc3r

càncer

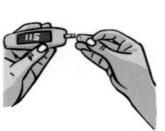

d14b3735

diabetis

5ur630n

cirurgià

5c4lp3l

escalpel

0p3r4710n

operació

c7

tomografia computada (TC),
TAC

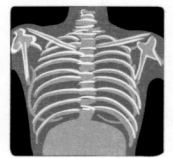

x-r4y

raigs x

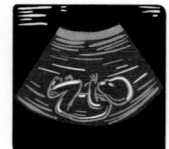

ul7r450und

ultrasò

f4c3 m45k

mascareta

d153453

malaltia

w4171n6 r00m

sala d'espera

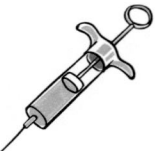

cru7ch

crossa

pl4573r

tireta

b4nd463

embenat

1nj3c710n

injecció

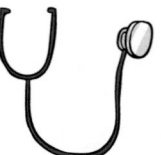

5737h05c0p3

estetoscopi

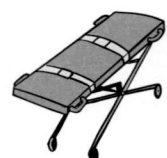

57r37ch3r

llitera

cl1n1c4l 7h3rm0m373r

termòmetre clínic

b1r7h

pariment

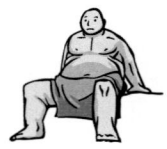

0v3rw316h7

sobrepès

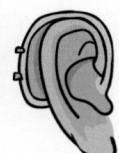

h34r1n6 41d

aparell auditiu

d151nf3c74n7

desinfectant

1nf3c710n

infecció

v1ru5

virus

h1v / 41d5

VIH / SIDA

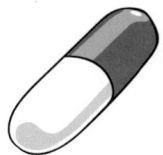

m3d1c1n3

medicina

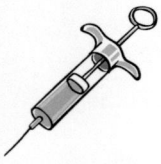

v4cc1n4710n

vaccí

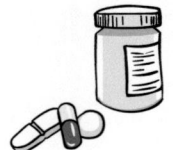

74bl375

comprimits

p1ll

píl·lola

3m3r63ncy c4ll

trucada d'urgència

bl00d pr355ur3 m0n170r

tensiòmetre

1ll / h34l7hy

malalt / sà

h3lp!

Socors!

4l4rm

alarma

4554ul7

assalt

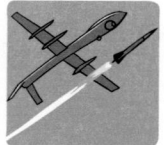

4774ck

atac

d4n63r

perill

3m3r63ncy 3x17

sortida-eixida d'urgència

f1r3!

Foc!

f1r3 3x71n6u15h3r

extintor

4cc1d3n7

accident

f1r57-41d k17

farmaciola de primers
auxilis

505

SOS

p0l1c3

policia

3ur0p3
....
Europa

n0r7h 4m3r1c4
....
Amèrica del Nord

50u7h 4m3r1c4
....
Amèrica del Sud

4fr1c4
....
Àfrica

4514
....
Àsia

4u57r4l14
....
Austràlia

47l4n71c
....
Atlàntic

p4c1f1c
....
Pacífic

1nd14n 0c34n
....
Oceà Índic

4n74rc71c 0c34n
....
Oceà Antàrtic

4rc71c 0c34n
....
Oceà Àrtic

n0r7h p0l3
....
pol nord

50u7h p0l3

pol sud

4n74rc71c4

Antàrtida

34r7h

terra

l4nd

país

534

mar

15l4nd

illa

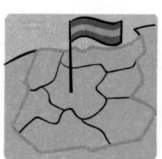

n4710n

nació

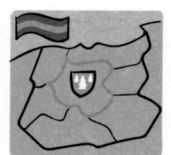

57473

estat

cl0ck f4c3

quadrant

h0ur h4nd

agulla de les hores

m1nu73 h4nd

agulla dels minuts

53c0nd h4nd

agulla dels segons

wh47 71m3 15 17?

Quina hora és?

d4y

dia

71m3

temps

n0w

ara

d16174l w47ch

rellotge digital

m1nu73

minut

h0ur

hora

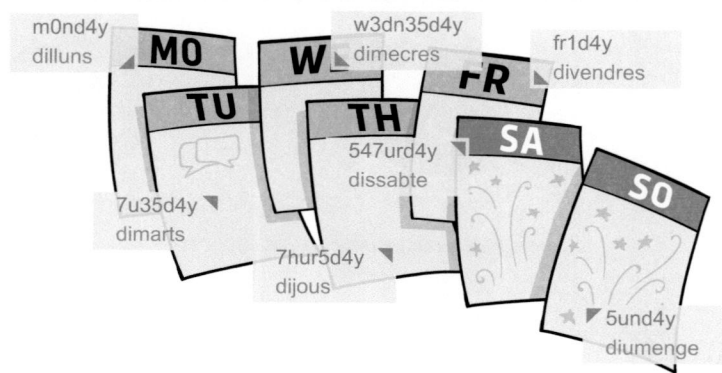

m0nd4y
dilluns

w3dn35d4y
dimecres

fr1d4y
divendres

547urd4y
dissabte

7u35d4y
dimarts

7hur5d4y
dijous

5und4y
diumenge

y3573rd4y

ahir

70d4y

avui

70m0rr0w

demà

m0rn1n6

matí

n00n

migdia

3v3n1n6

tarda

MO	TU	WE	TH	FR	SA	SU
1	2	3	4	5	6	7
8	9	10	11	12	13	14
15	16	17	18	19	20	21
22	23	24	25	26	27	28
29	30	31	1	2	3	4

w0rkd4y5

dia feiner

MO	TU	WE	TH	FR	SA	SU
1	2	3	4	5	6	7
8	9	10	11	12	13	14
15	16	17	18	19	20	21
22	23	24	25	26	27	28
29	30	31	1	2	3	4

w33k3nd

cap de setmana

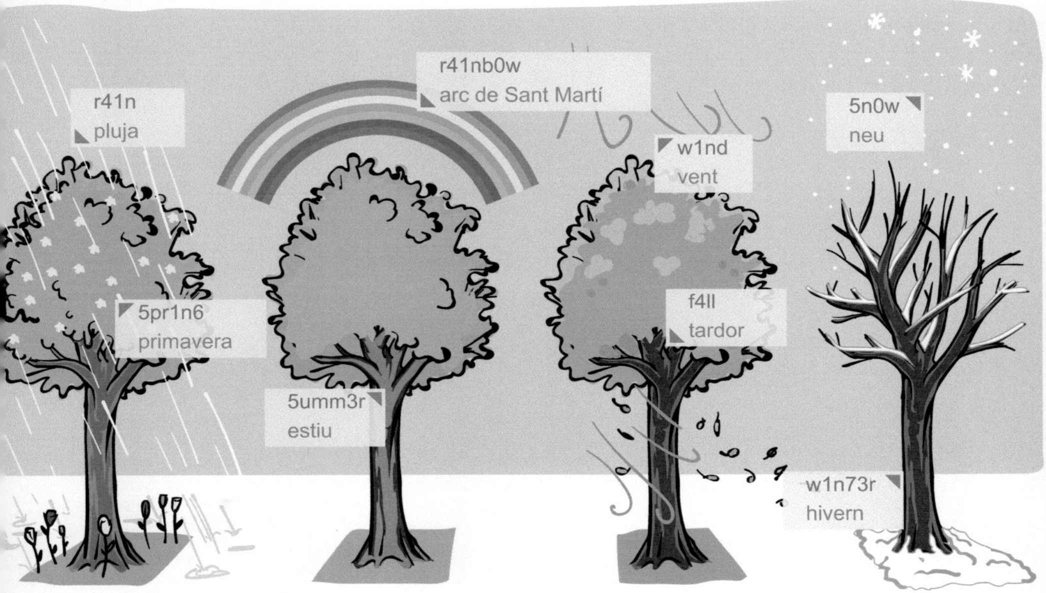

r41n
pluja
r41nb0w
arc de Sant Martí
5n0w
neu
w1nd
vent
5pr1n6
primavera
f4ll
tardor
5umm3r
estiu
w1n73r
hivern

4.APRIL 11°
5.APRIL 4°
6.APRIL 13°
7.APRIL 8°
8.APRIL 10°

w347h3r f0r3c457

pronòstic del temps

F
C
120
90
60
30
0
-30
40
30
20
10
0
-10
-20

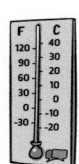

7h3rm0m373r

termòmetre

5un5h1n3

llum del sol

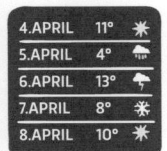

cl0ud

núvol

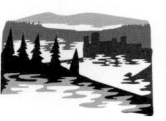

f06

boira

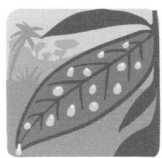

hum1d17y

humiditat de l'aire

l16h7n1n6
llamp

7hund3r
tro

570rm
tempesta

h41l
calamarsa

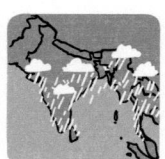

m0n500n
monsó

fl00d
inundació

1c3
gel

j4nu4ry
gener

f3bru4ry
febrer

m4rch
març

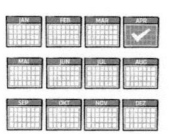

4pr1l
abril

m4y
maig

jun3
juny

july
juliol

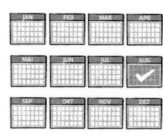

4u6u57
agost

53p73mb3r

setembre

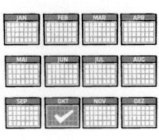

0c70b3r

octubre

n0v3mb3r

novembre

d3c3mb3r

desembre

5h4p35

formes

c1rcl3

cercle

5qu4r3

quadrat

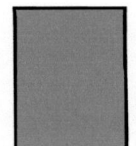

r3c74n6l3

rectangle

7r14n6l3

triangle

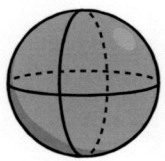

5ph3r3

esfera

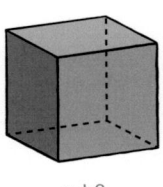

cub3

cub

wh173

blanc

y3ll0w

groc

0r4n63

taronja

p1nk

rosa

r3d

vermell

purpl3

lila

blu3

blau

6r33n

verd

br0wn

marró

6r4y

gris

bl4ck

negre

4 l07 / 4 l177l3

molt / poc

4n6ry / c4lm

emprenyat / tranquil

b34u71ful / u6ly

bonic / lleig

b361nn1n6 / 3nd

començament / fi

b16 / 5m4ll

gran / petit

br16h7 / d4rk

clar / fosc

br07h3r / 51573r

germà / germana

cl34n / d1r7y

net / brut

c0mpl373 / 1nc0mpl373

complet / incomplet

d4y / n16h7

dia / nit

d34d / 4l1v3

mort / viu

w1d3 / n4rr0w

ample / estret

3d1bl3 / 1n3d1bl3

comestible / immenjable

3v1l / k1nd

dolent / amable

3xc173d / b0r3d

entusiasmat / entediat

f47 / 7h1n

gros / prim

f1r57 / l457

primer / darrer

fr13nd / 3n3my

amic / enemic

full / 3mp7y

ple / buit

h4rd / 50f7

dur / tou

h34vy / l16h7

pesant / lleuger

hun63r / 7h1r57

gana / set

1ll / h34l7hy

malalt / sà

1ll3641 / l3641

il·legal / legal

1n73ll163n7 / 57up1d

intel·ligent / ximple

l3f7 / r16h7

esquerra / dreta

n34r / f4r

prop / llunyà

n3w / u53d
nou / usat

n07h1n6 / 50m37h1n6
res / quelcom

0ld / y0un6
vell / jove

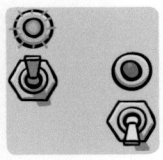

0n / 0ff
encès / apagat

0p3n / cl053d
obert / tancat

qu137 / l0ud
silenciós / sorollós

r1ch / p00r
ric / pobre

r16h7 / wr0n6
correcte / incorrecte

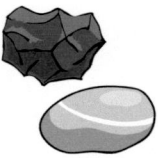

r0u6h / 5m007h
aspre / suau

54d / h4ppy
trist / content

5h0r7 / l0n6
curt / llarg

5l0w / f457
lent / ràpid

w37 / dry
humit / sec - eixut

w4rm / c00l
calent / fred

w4r / p34c3
guerra / pau

nombres

0

z3r0

zero

1

0n3

u

2

7w0

dos

3

7hr33

tres

4

f0ur

quatre

5

f1v3

cinc

6

51x

sis

7

53v3n

set

8

316h7

vuit

9

n1n3

nou

10

73n

deu

11

3l3v3n

onze

12

7w3lv3

dotze

13

7h1r733n

tretze

14

f0ur733n

catorze

15

f1f733n

quinze

16

51x733n

setze

17

53v3n733n

disset

18

316h733n

divuit

19

n1n3733n

dinou

20

7w3n7y

vint

100

hundr3d

cent

1.000

7h0u54nd

mil

1.000.000

m1ll10n

milió

3n6l15h

anglès

4m3r1c4n 3n6l15h

anglès americà

ch1n353 m4nd4r1n

xinès mandarí

h1nd1

hindi

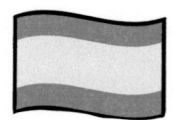

5p4n15h

espanyol

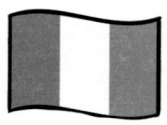

fr3nch

francès

4r4b1c

àrab

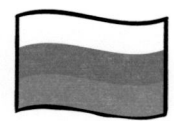

ru5514n

rus

p0r7u6u353

portuguès

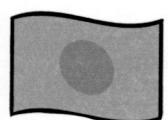

b3n64l1

bengalí

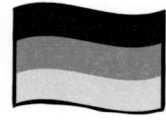

63rm4n

alemany

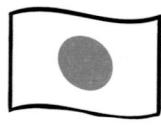

j4p4n353

japonès

1
jo

y0u
tu

h3 / 5h3 / 17
ell / ella / allò

w3
nosaltres

y0u
vosaltres

7h3y
ells

wh0?
qui?

wh47?
què?

h0w?
com?

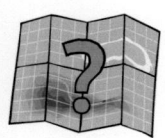

wh3r3?
on?

wh3n?
quan?

n4m3
nom

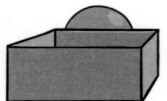

b3h1nd

darrere

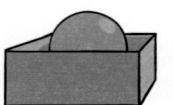

1n

en

1n fr0n7 0f

davant de

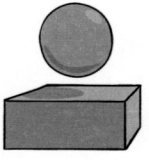

0v3r

damunt

0n

sobre

und3r

sota

b351d3

al costat

b37w33n

entre

pl4c3

lloc